DÉLIRONS
AVEC Léon !

TOUJOURS AUTANT DE TRUCS PALPITANTS

NUMÉRO 7

PAR
ANNIE GROOVIE

*Merci à
Emmanuel Bochud,
le super jongleur*

Miam-miam...

Guili-guili...

EN VEDETTE :

LÉON > NOTRE SUPER HÉROS

Le surdoué de la gaffe, toujours aussi nono et aventurier.

LE CHAT ›

Fidèle ami félin plein d'esprit.
On ne peut rien lui cacher.

Un hamburger ?
Où ça ?

LOLA ›

La séduisante au grand cœur.
Son charme fou la rend irrésistible.

Ils ne pensent
qu'à ça,
manger !

COUCOU, C'EST MOI !

Fidèle au poste, je vous ai **AFFECTUEUSEMENT** mijoté ce **septième** livre de la série *Délirons avec Léon* !

Quoi de neuf dans celui-ci ?
Des **EXCUSES PRATIQUES** (je vous conseille de les retenir...), des énigmes visuelles, des **charades** et plus encore. Nous tenterons même d'**INTERPRÉTER** vos rêves !

Bien entendu, il y a encore les trucs habituels comme les **jeux**, les pauses pub, les **BÉDÉS**, le test de connaissances, le Métier Super Cool, Ayez l'air **INTELLIGENTS** et Que faire de vos 10 doigts.

Le code secret ? Oui, oui, il est là ! Il vous permettra de découvrir la technique du décalage de l'alphabet. Un **CODE SECRET** qui, paraît-il, aurait été utilisé jadis par Jules César lui-même.

J'imagine que vous avez déjà hâte de plonger dans votre nouveau *Léon*... Je vous laisse. Bon **délire** et à la prochaine !

Annie Groovie
XX

Table des matières

Suite ▶

DRÔLE DE THÉRAPIE

Suite ▶

PRODUIT : LE SHAMPOING KOKODAK

Vous avez de sérieux problèmes de pellicules ?

Essayez le shampoing Koko dak

Un seul traitement, c'est suffisant !

Mes cheveux !!!

Il fera disparaître toutes vos pellicules... et vos cheveux aussi !

22

EXCUSES PRATIQUES

(À RETENIR PAR CŒUR...)

1. VOUS OUBLIEZ L'ANNIVERSAIRE DE VOTRE MÈRE...

AU LIEU DE LUI DIRE PLATEMENT QUE VOUS ÊTES DÉSOLÉS,
EXCLAMEZ-VOUS :

« MAIS COMMENT VOULAIS-TU QUE JE M'EN DOUTE ?
TU AS TOUJOURS L'AIR SI JEUNE ! JAMAIS JE N'AURAIS
PENSÉ QUE TA FÊTE REVIENDRAIT SI SOUVENT... »

**2. VOUS LANCEZ PAR ACCIDENT VOTRE BALLON
SUR LE TERRAIN DU VOISIN...**

(VOUS SAVEZ, LE VIEUX MONSIEUR GRINCHEUX...)

NE LUI DITES SURTOUT PAS QUE VOUS PIÉTINEZ SON GAZON POUR
RÉCUPÉRER VOTRE BALLON. EXPLIQUEZ-LUI PLUTÔT :

« J'AI VU UN OBJET ROULANT NON IDENTIFIÉ, UN ORNI,
ET JE VOULAIS SIMPLEMENT M'ASSURER QUE
VOS NAINS DE JARDIN ÉTAIENT SAINS ET SAUFS,
NE VOUS EN FAITES PAS, JE VAIS RÉCUPÉRER L'OBJET
ET VOUS EN DÉBARRASSER... »

**3. VOUS ARRIVEZ DANS VOTRE COURS D'ÉDUCATION
PHYSIQUE, ET IL VOUS MANQUE UNE ESPADRILLE...**

NE DITES PAS QUE VOUS L'AVEZ OUBLIÉE, MAIS PLUTÔT :

« J'AI TROUVÉ UNE SOURIS BLESSÉE ET, POUR
LA SOIGNER, POUR NE PAS QU'ELLE AIT FROID,
JE LUI AI FABRIQUÉ UNE MAISON AVEC MON ESPADRILLE. »

La réflexion de Léon

Le saviez-vous?

Connaissez-vous la différence entre un astronaute, un cosmonaute, un spationaute et un taïkonaute? En théorie, il n'y en a pas: ce sont toutes des façons de nommer le même métier. En pratique, cependant, chacun de ces termes est utilisé par des pays différents, qui cherchent ainsi à promouvoir leur programme spatial sur le plan international. Par exemple, un astronaute est un membre de l'équipage d'un vaisseau états-unien. Un cosmonaute vole avec les Russes. Un spationaute aurait pu faire partie d'un équipage français, mais ce n'est jamais arrivé. Et un taïkonaute visite l'espace avec les Chinois!

INTERPRÉTATION DES RÊVES

Vous avez vu en songe un des objets suivants?
Découvrez ce que ça signifie...

★ **Abat-jour :**
Figurez-vous que si vous rêvez d'un abat-jour, il se pourrait que vous tombiez amoureux. Imaginez un peu si vous aviez rêvé d'une lampe !

★ **Facteur :**
Si, en dormant, vous voyez un facteur, vous allez recevoir de bonnes nouvelles. Tant que ce ne sont pas des factures...

★ **Nénuphar :**
Si vous rêvez d'un nénuphar, cela ne signifie pas nécessairement que vous aimez les grenouilles qui y vivent. Non, il semble que le nénuphar est un symbole féminin. Il représenterait une femme pour qui on a beaucoup d'admiration.

★ **Horloge :**
Si vous entendez en songe une horloge qui sonne, cela veut dire qu'il faut vous presser pour faire tout ce que vous avez à faire. Le temps, c'est de l'argent !

Si vous rêvez d'oiseaux, il faut porter attention aux détails. Est-ce que ceux que vous avez vus se tenaient sur un fil, mais sans chanter ? Attention ! Des problèmes sont en vue. Si vous apercevez un hibou et qu'il chante, vous allez recevoir de mauvaises nouvelles. Si vous avez observé un nid d'oiseau vide, des difficultés sont à prévoir à l'école. Ma suggestion : essayez de rêver à de beaux oiseaux qui chantent tout en volant jusqu'à leur nid rempli d'œufs. Facile...

★ Carnet de notes :

Si, dans votre sommeil, vous imaginez que vous écrivez dans un carnet de notes, cela signifie que vous allez oublier quelque chose d'important. À votre réveil, essayez de vous rappeler tout ce que vous avez à faire et... notez-le dans un carnet, pour vous en souvenir !

★ Homme :

Si un homme barbu hante votre nuit, c'est que vous êtes en colère contre quelque chose. S'il s'agit plutôt d'un homme avec des cornes, cela signifie apparemment que vous aurez de grands tracas.

★ Femme :

Si vous rêvez d'une femme barbue... c'est très étrange ! Mais si celle que vous voyez en rêve est enceinte, vous

★ Cercueil :

Voir un cercueil en songe n'est pas nécessairement mauvais. Cela voudrait même dire que vous allez vivre longtemps et que vous serez heureux ! Cependant, méfiez-vous quand même si vous rêvez que quelqu'un avec de grandes dents y est allongé...

★ Neige :

Si, en rêve, vous marchez dans la neige épaisse ou êtes ensevelis sous celle-ci, c'est que vous traversez des moments difficiles. Essayez alors de rêver d'une pelle... En revanche, si vous voyez la neige tomber, si vous la trouvez belle et si vous êtes à l'abri, c'est signe de prospérité.

★ Gymnastique :

Rêver de faire de la gymnastique signifie que votre situation s'améliorera bientôt. Mon truc : il faut faire de l'exercice avant de vous coucher, pour que cela se poursuive dans vos songes. Alors, en plus de rêver que vous faites de la gym, vous en faites pour vrai, et votre condition physique s'améliore !

★ Désert :

Une chose importante si vous rêvez souvent du désert, c'est de vous assurer que le thermostat n'est pas trop élevé dans votre chambre. Si ce n'est pas le cas, le désert signifie peut-être que vous avez besoin de passer du temps seul. Ou avec des chameaux...

Chat-rades

1.

Mon premier est la 11e lettre de l'alphabet.

Mon deuxième est une préposition
qui indique un lieu.

Mon dernier est le son que fait un train
quand il arrive près d'une gare (1 mot).

Mon tout est un matériau qui sert,
entre autres, à fabriquer des pneus.

Mon premier est le nom de l'endroit
où les adultes vont danser le soir.

Mon deuxième accompagne
généralement le poivre.

Mon dernier est le contraire du
mot anglais « off ».

Mon tout est une ville d'Espagne.

Mon premier est la terminaison sonore
du mot « main ».

Mon deuxième est le nom de la planète
sur laquelle nous vivons.

Mon troisième est le verbe avoir, au passé
simple, à la troisième personne du pluriel.

Mon dernier est une alternative
à la douche pour se laver.

Mon tout est le nom d'un
téléphonique entre des personnes qui
n'habitent pas la même région.

Énigmes visuelles

EDNOM

1. ___ ___ , ___ ___ ___ ___ ___
   ___ ___ ' ___ ___ ___ ___ ___

2. ___ ___ ___ ___
   ___ ___ ___ ___ ___ ___
   ___ ___ ___
   ___ ___ ___ ___ ___

3. ___ ___ ___ ___ ___
   ___ ___ ___
   ___ ___ ___ ___ ___

4. ___ ___
___ ___ ___ ___ -
___ ___ ___ ___ ___ ___

5. ___ ___
___ ___ ___ ___ ___ ___

6. ___ ___
___ ___ ___ ___ -
___ ___ ___ ___ ___ ___ ___

LÉON ET LES SPORTS...

Envolez-vous avec

La

compagnie

aérienne

qui rit...

de vous !

QUE FAIRE DE VOS 10 DOIGTS À PART FLATTER VOTRE GROS MATOU

IMPRESSIONNEZ VOS AMIS
EN FAISANT UN TOUR DE CARTES !

Pour réaliser ce tour, vous n'avez besoin que d'un jeu de cartes et de vos deux mains !

Conservez 48 des 52 cartes. Demandez à la personne que vous voulez impressionner de brasser.

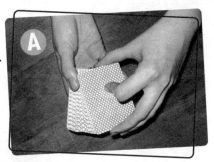

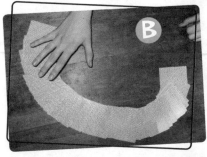

Placez les cartes en éventail. Demandez à la personne de choisir un chiffre entre 1 et 48. Imaginons qu'elle choisit le 21.

Partez de votre droite et comptez jusqu'à la 21e carte. Invitez la personne à la regarder, sans vous la montrer.

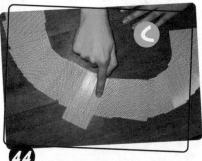

La personne doit mémoriser cette carte. Imaginons qu'il s'agit du 8 de trèfle. Replacez la carte au même endroit.

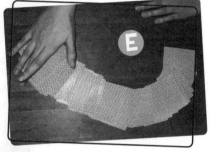

Remettez les cartes en paquet, sans les mélanger, en partant de votre droite.

N'oubliez pas le chiffre 21 ! Préparez 3 rangées de 16 cartes.

Calculez dans votre tête où se trouve la carte choisie par la personne. Par exemple, la 21e carte serait maintenant la 5e de la 2e rangée.

Demandez à la personne dans quelle rangée se trouve sa carte.

Conservez la rangée qui contient la carte et ramassez les deux autres sans mélanger.

Retenez qu'il s'agit de la 5ᵉ carte de la rangée qui reste.

Ramassez la dernière rangée et faites-en 4 paquets de 4 cartes que vous disposerez en forme de fleurs.

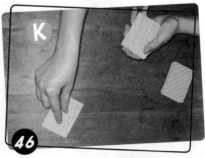

Retenez l'endroit où se trouve la 5ᵉ carte sans la perdre de vue.

Demandez à la personne de choisir 2 des 4 fleurs. Attention, à partir de maintenant, quoi que la personne choisisse, vous devez toujours déterminer vous-mêmes quel paquet retirer, ou conserver, pour garder LA carte sur la table !

Donc, soit vous enlevez les deux fleurs qu'elle a choisies, si la carte ne s'y trouve pas, soit vous enlevez les 2 fleurs qu'elle a laissées de côté, si la carte se trouve dans une de celles qu'elle a désignées.

Conservez sur la table 2 fleurs, dont celle qui contient LA carte.

Demandez à la personne de choisir une nouvelle fleur.

*Conservez sur la table
la fleur qui contient
LA carte.*

Faites-lui choisir 2 cartes.

*Conservez LA carte sur
la table, ainsi qu'une autre.*

*Faites-lui choisir une carte.
Retirez l'autre, puis
retournez LA carte.
Dites TADAM !*

*Ce tour demande de la dextérité et
des calculs, alors exercez-vous avant
de le montrer ! Ne le faites jamais plus
d'une fois à la même personne pour
ne pas dévoiler votre truc !*

TEST : CONNAISSEZ-VOUS BIEN LE CORPS HUMAIN ?

1. Lequel de ces os se trouve dans la jambe ?

A. La clavicule
B. Le coccyx
C. Le tibia
D. L'omoplate

2. Quel organe sécrète la bile ?

A. Le foie
B. Le cœur
C. L'estomac
D. L'intestin

3. Où se situent les muscles appelés biceps ?

A. Dans la joue
B. Dans le dos
C. Dans l'abdomen
D. Dans le bras

4. Comment s'appellent nos deux dents pointues ?

A. Les incisives
B. Les molaires
C. Les dents de sagesse
D. Les canines

5. Quels sont les deux organes en forme de haricots qui ont pour fonction de nettoyer le sang de ses toxines ?

A. Les poumons
B. Les reins
C. Les intestins
D. Aucune de ces réponses

6. Où s'accumule l'urine avant qu'on l'élimine ?

A. Dans le pancréas
B. Dans les ovaires
C. Dans la vessie
D. Dans l'œsophage

7. Où retrouve-t-on le tympan ?

A. Dans les orteils
B. Dans le nez
C. Dans le genou
D. Dans l'oreille

8. À quoi servent les poumons ?

A. À digérer
B. À entendre
C. À respirer
D. À mastiquer

9. Comment se nomme la petite excroissance située au fond du palais que l'on aperçoit quand on tire la langue ?

A. L'alouette
B. La lulu
C. La lunette
D. La luette

10. Où est situé le cœur ?

A. Dans le bras gauche
B. Dans la poitrine
C. Dans le bas du ventre
D. Dans la tête

11. Quel est le nom de la couche externe de la peau ?

A. L'épiderme
B. L'épipen
C. L'épidurale
D. L'hyposuccion

12. Quel organe est considéré comme le quartier général du système nerveux central ?

A. Le foie

B. Le cerveau

C. Le cœur

D. L'estomac

13. Laquelle de ces parties du corps n'est pas reliée au pied ?

A. Le tendon d'Achille

B. La rotule

C. Le talon

D. La cheville

14. Qu'est-ce que la colonne vertébrale ?

A. Le groupe d'os qui forme la boîte crânienne

B. Les os qui permettent à la main de s'articuler

C. Un gros os plat situé à l'avant de la cage thoracique, s'articulant avec les côtes

D. La principale structure de support du squelette humain

15. Où, dans le ventre de la mère, grandissent les fœtus pendant neuf mois ?

A. Dans l'utérus

B. Dans la prostate

C. Dans les trompes de Fallope

D. Dans l'ovaire

RÉSULTATS DU TEST

Entre 12 et 15 bonnes réponses:
Bravo! Le corps humain ne semble pas avoir trop de secrets pour vous. Qui sait? Vous rêvez peut-être de devenir médecin un jour...

Entre 9 et 12 bonnes réponses:
Excellent! C'est un très bon score. Vous pouvez vraiment en être fiers.

Entre 6 et 9 bonnes réponses:
Ce n'est pas mal. J'espère, en tout cas, que vous avez choisi la bonne réponse à la question 8... Avouez qu'elle était facile!

Entre 0 et 6 bonnes réponses:
Le corps humain, même s'il est complexe, est très bien fait. Je vous encourage donc à le découvrir et à le connaître davantage. Ça vaut la peine!

Le Métier Super Cool

Jongleur et artiste de cirque

Manu Bochud

Pourquoi ne pas jongler avec une salière et une poivrière ? C'est le genre de question que se pose tout naturellement Manu. Il est également clown, musicien et acrobate, sans compter qu'il fait partie de pyramides humaines ! Il passe des heures à inventer des numéros et cherche à faire rire par tous les moyens. Jongleur de rue avant tout, il est amené à voyager aux quatre coins du monde grâce à sa profession originale.

Manu jongle aussi bien avec des quilles, des objets enflammés ou des couteaux qu'avec des tronçonneuses ou des boules de quilles. Il lui arrive même de le faire tout en se promenant en équilibre sur un monocycle de 1,80 m (6 pi) !

• EN QUOI CONSISTE SON MÉTIER ?

Essentiellement, il s'agit de manipuler des objets inanimés pour leur donner vie et amuser les gens. Le travail de Manu se divise en deux parties. D'une part, ce dernier offre des performances délirantes dans des cirques ou des salles de spectacle, ou même dans les rues à l'occasion de divers festivals. D'autre part, avec les Affaires sociales du Cirque du Soleil, on l'envoie de par le monde donner des formations à des instructeurs et à des intervenants en milieux défavorisés. Manu partage avec eux plein de trucs qu'ils iront par la suite enseigner à des jeunes dans la rue. Cela lui permet de rouler sa bosse un peu partout sur la planète !

• COMMENT EST-IL DEVENU ARTISTE DE CIRQUE ?

À 15 ans, grâce à son papa, il jongle pour la première fois… avec trois oranges, dans une cuisine ! Puis, à 17 ans, il se rend en Suisse, son pays d'origine, où il assiste à un spectacle de cirque qui l'émerveille. Après la représentation, complètement ébloui, il achète trois balles à jongler et un diabolo (voir photo).

Il apprend par lui-même, pour le plaisir, et commence à se produire dans les rues. Puis, un jour, il filme son spectacle et envoie la cassette au Casino de Montréal. Contre toute attente, il obtient alors son premier contrat professionnel en tant qu'artiste de cirque !

• QU'EST-CE QU'IL TROUVE LE PLUS COOL DANS SON MÉTIER ?

Jouer avec des objets ! Les lancer dans les airs, les faire rebondir sur son nez ou son coude pour faire oublier leur fonction utilitaire et les transformer en trucs extraordinaires. Il adore inventer des numéros, autant pour le plaisir des gens que pour la satisfaction de créer quelque chose de merveilleux. Même lorsqu'il travaille à monter un numéro dans lequel il ne jouera pas, le processus de création lui donne des frissons et, une fois que le spectacle est prêt, il adore le regarder en se mêlant au public.

• QU'EST-CE QU'IL TROUVE LE MOINS COOL ?

La rigueur qu'exige son travail. Quand on œuvre dans ce domaine, il faut s'entraîner tous les jours. Manu est autodidacte et organise lui-même son horaire. Il doit se motiver tout seul : personne ne lui rappelle ce qu'il a à faire. Quand tout se passe bien, c'est facile, mais il y a aussi des journées où il fait des erreurs. Rester optimiste et conserver sa motivation, ça lui semble alors très difficile.

55

• QU'EST-CE QUE ÇA PREND POUR ÊTRE UN BON JONGLEUR ?

On doit avoir beaucoup de volonté et s'entraîner rigoureusement tous les jours. Il faut aussi aimer le travail manuel et prendre soin de son corps — c'est un métier très exigeant physiquement ! D'ailleurs, avoir des prédispositions pour le sport est un atout considérable. Un jongleur doit s'exercer constamment, avoir de la patience et de la coordination et, évidemment, faire preuve d'une certaine dextérité.

Dans son plus récent spectacle, Manu joue de la musique rock'n'roll avec Les Parfaits Inconnus tout en faisant des acrobaties !

• COMMENT FAIT-ON POUR DEVENIR JONGLEUR ?

Il est possible d'apprendre ce métier par soi-même ; la preuve, Manu est autodidacte ! Si on le souhaite, on peut aussi suivre des cours. C'est l'École nationale du cirque, à Montréal, qui offre la formation la plus réputée au Québec. Toutefois, de plus en plus d'écoles et de municipalités proposent des cours et des ateliers, autant dans un cadre scolaire que parascolaire. Informez-vous pour découvrir si on en offre dans votre quartier !

• QUEL EST LE RÊVE DE MANU ?

Monter un spectacle regroupant plusieurs artistes qu'il a rencontrés à l'étranger. Le problème, c'est que ces gens viennent de milieux pauvres. Ils n'ont pas les moyens de voyager; souvent, ils ne disposent même pas des papiers nécessaires! Sinon, Manu est comblé par son métier et affirme que la majorité de ses rêves se sont déjà réalisés.

• LE MESSAGE DE MANU

«Restez motivés, ne lâchez pas et, surtout, ayez du plaisir!» Il ajoute qu'il sera heureux de vous parler si vous allez le voir après un spectacle, dans une salle ou dans la rue!

Pour plus d'information, visitez le site
www.lesparfaitsinconnus.com

Une séance de diabolo avec des jeunes à Hong-Kong

terrain de jeux

VOUS TROUVEREZ LES SOLUTIONS À LA PAGE 82.

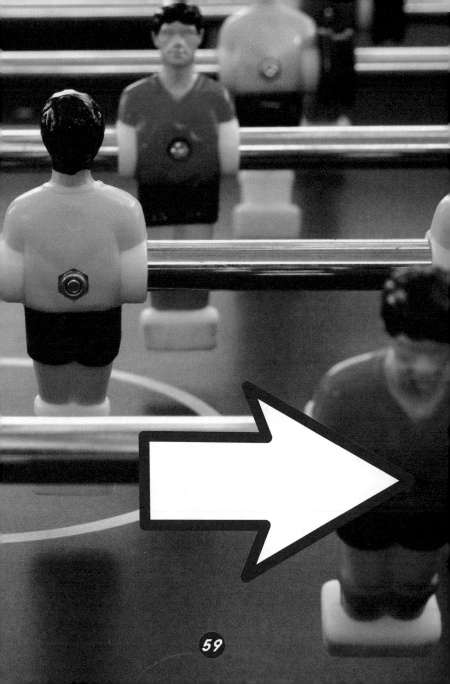

YOU-HOU ?!!

Un objet de la figure **A** a mystérieusement disparu dans la figure **B**. Pouvez-vous trouver lequel ?

Euuuhhhh...

ASSOCIEZ CHAQUE MOT DE LA RANGÉE DE GAUCHE
À SON SYNONYME DE LA RANGÉE DE DROITE.

1. SAVANT	A. FRICOTAGE
2. ROT	B. PRESTO
3. CHICANE	C. LOGIS
4. MAGOUILLE	D. LUBIE
5. CONFUSION	E. ÉRUCTATION
6. VITE	F. VISQUEUX
7. PET	G. ANTIDOTE
8. CAPRICE	H. ÉRUDIT
9. MAISON	I. FLATULENCE
10. HUILEUX	J. BISBILLE
11. GAZ	K. IMBROGLIO
12. REMÈDE	L. GRISOU

1. ___ 4. ___ 7. ___ 10. ___
2. ___ 5. ___ 8. ___ 11. ___
3. ___ 6. ___ 9. ___ 12. ___

Chiffre mystère

7	0	2	1	0	8
5	1	2	5	1	5
0	1	4	0	9	4
0	5	9	5	7	2
0	9	1	5	6	5
1	0	0	1	3	0

COMME DANS UN MOT MYSTÈRE, DONC DANS TOUS LES SENS, TROUVEZ LES CHIFFRES CACHÉS À L'AIDE DES QUESTIONS CI-DESSOUS. LES CHIFFRES RESTANTS VOUS RÉVÉLERONT LA DATE OFFICIELLE DE LA PARUTION DU TOUT PREMIER LIVRE DE LÉON, EN 2004. (LES DEUX PREMIERS CHIFFRES INDIQUENT LE JOUR, ET LES DEUX DERNIERS, ADDITIONNÉS, VOUS DONNERONT LE MOIS.)

SOLUTION : _____ _____

1. Complétez : *Ali Baba et les _____ voleurs.*

2. Si Léon mange trois gâteaux par semaine, combien en mange-t-il en un an ?

3. Combien y a-t-il de jours dans le mois de janvier ?

4. Combien y a-t-il de secondes dans une minute ?

5. Si je gagne 300 000 $ à la loterie et que j'en donne le quart à mon amie, combien d'argent recevra-t-elle ?

6. (5 X 12) - (100-87) = _____

7. Un groupe de 25 enfants mettent leurs doigts sur une fenêtre propre. Après leur passage, combien voit-on de petites traces de doigts sur la vitre ?

8. Huit décennies équivalent à combien d'années ?

9. Entre Montréal et Québec, il y a 250 km. Combien en aurai-je parcouru quand je déciderai de m'arrêter pour faire une pause à mi-chemin ?

10. Complétez : Le recueil de contes *Les _____ nuits.*

11. Il y a cinq voitures, trois vélos et un tricycle qui roulent en ce moment dans la rue. Combien cela fait-il de roues ?

12. Combien y a-t-il de minutes dans deux heures ?

13. (5 + 5 + 5 + 5 + 5 + 5 + 5 + 5 + 5 + 5 + 5) = _____

14. Arthur a eu 16 ans en 2006. En quelle année est-il né ?

TROUVEZ L'INTRUS

Tous ces animaux ont quelque chose en commun, sauf un. Lequel et pourquoi ?

INDICE : Cette différence est relative à leur style de vie...

Ce n'est pas évident...

TTOUVEZ LA SUITE LOGIQUE DE CHACUN DE CES GROUPES :

1. MERCURE · VÉNUS · TERRE · MARS · _____

2. UNO · DOS · TRES · QUATRO · _____

3. POUCE · INDEX · _____

4. AZ · BY · CX · DW · EV · FU · GT · HS · _____

5. A · E · I · O · U · _____

6. JANVIER · AVRIL · JUILLET · _____

7. DO · RÉ · MI · FA · SOL · LA · SI · DO · DO · SI · LA · _____

8. 1/4 · 1/2 · 3/4 · _____

9. 13 H 15 · 14 H 45 · 16 H 15 · _____

10. À VOS MARQUES · PRÊTS · _____ !

QUEL TRAJET LÉON A-T-IL EMPRUNTÉ ?

JEU DE BILLARD

**Si la boule blanche frappe la noire
à un angle de 90°, dans quel trou
devrait normalement entrer cette dernière
boule pour que se termine la partie ?**

Grille-pain !

Retrouvez ces mots dans la grille-pain !

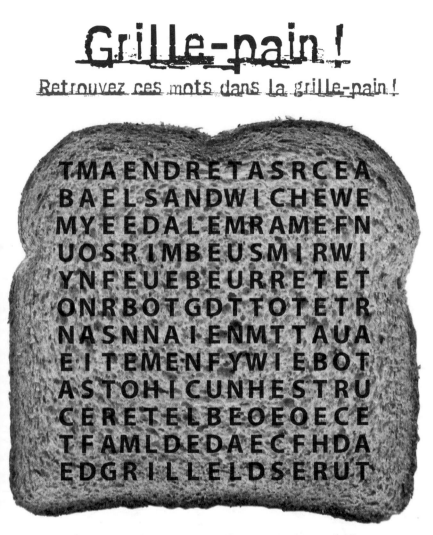

```
T M A E N D R E T A S R C E A
B A E L S A N D W I C H E W E
M Y E E D A L E M R A M E F N
U O S R I M B E U S M I R W I
Y N F E U E B E U R R E T E T
O N R B O T G D T T O T E T R
N A S N N A I E N M T T A U A
E I T E M E N F Y W I E B O T
A S T O H I C U N H E S T R U
C E R E T E L B E O E O E C E
T F A M L D E D A E C F H D A
E D G R I L L E L D S E R U T
```

**Miettes • Beurre • Confiture • Marmelade
Fromage • Mayonnaise • Sandwich • Croûte
Blé • Grillé • Tartine • Rôtie**

AYEZ L'AIR INTELLIGENTS
en décodant les acronymes !

Parce qu'il est toujours intéressant
de connaître la signification de certains mots
que l'on utilise fréquemment et dont on ignore
complètement la provenance.

Moi, je sais
ce que signifie
le célèbre code
S.O.S.

Continue,
tu m'intéresses...

Les **acronymes** sont des mots formés des premières lettres d'un groupe de mots ou d'une expression.
En voici quelques exemples :

Ovni :

Un ovni, c'est un **objet volant non identifié**. Oui, on utilise souvent ce mot pour parler des soucoupes volantes et des extraterrestres, mais il peut aussi désigner un simple avion qui n'a pas été enregistré avant de décoller.

Otan :

Ça, c'est plus sérieux. L'Otan signifie **Organisation du traité de l'Atlantique Nord**. Il s'agit d'une organisation politique et militaire qui avait pour but de maintenir la paix entre les États-Unis et la Russie après la Deuxième Guerre mondiale.

Modem :

« Modem » vient des mots « **MO**dulateur » et « **DÉM**odulateur», qu'on a assemblés. Maintenant, il faut chercher ce que ça veut dire...

Bédé :

Eh oui, la bonne vieille bédé ! Ce mot provient évidemment des termes « **bande** » et « **dessinée** », donc **BD,** un acronyme qu'on écrit aussi **bédé**.

Laser :

Le mot « **laser** » vient d'un acronyme anglais :
Light Amplification by Stimulated Emission of Radiation,
ce qui veut dire, en français, « amplification de la lumière par
émission stimulée de rayonnement ». Cela donnerait l'acronyme
ALESR. C'est quand même plus facile de prononcer **laser**...

Sida :

Tristement célèbre, sida est le nom d'une maladie
autrement connue sous le nom de **syndrome
d'immunodéficience acquise**.

Cégep :

Eh oui, le mot « **cégep** » est aussi un acronyme, celui de
« **Collège d'enseignement général
et professionnel** ».

S.O.S. :

C'est le signal qu'un bateau en danger envoie sur les ondes
de la radio. Il viendrait (mais ce n'est pas prouvé)
d'une expression anglaise, **Save Our Soul**, qui signifie
« Sauvez nos âmes. »

CODE SECRET

TROUVEZ LE
CODE SECRET ET
VOUS POURREZ
ACCÉDER AU JEU 7
SUR LE SITE
WWW.CYBERLEON.CA

Si ça ne
fonctionne pas,
malheureusement,
vous devrez trouver
par vous-mêmes
où vous auriez pu
faire une erreur,
car on ne vous donne
pas la solution...

L'indice du code ? est
LEON (L = E et O = N).

Il suffit d'utiliser le principe
du décalage de l'alphabet pour
effectuer le décodage.

Ce principe est simple.
Pour bien le comprendre,
prenons l'exemple d'un
cas célèbre de décalage de
l'alphabet, le code "César",
où A = D , qui aurait été
utilisé, parait-il, par
Jules César lui-même...

A	B	C	D	E	F	G	H	I	J	K	L	M	N	O	P	Q	R	S	T	U	V	W	X	Y	Z
D	E	F	G	H	I	J	K	L	M	N	O	P	Q	R	S	T	U	V	W	X	Y	Z	A	B	C

Ex.: Le mot CODE
s'écrirait : FRGH

Maintenant, considérez
que L = E, pour la première
partie du code, et que O = N,
pour la deuxième.

À la fin, si vous ne vous
êtes pas trompés, vous
obtiendrez le code secret.

Bonne chance !

L = E

1. L = [ ]

2. CN [ ]

3. L = [ ]

4. X C [ ]

5. K = [ ]

$$O = \Pi$$

6. G =

7. D =

8. Q =

9. N =

10. R =

Code secret

Entrez vite ce code sur **cyberleon.ca** !

ANNIE GROOVIE
À VOTRE ÉCOLE

COOL!

EH OUI, ANNIE GROOVIE FAIT DES TOURNÉES DANS LES ÉCOLES !
VOUS TROUVEREZ TOUTE L'INFORMATION SUR LE SITE INTERNET
WWW.CYBERLEON.CA.

À BIENTÔT PEUT-ÊTRE !

Photo : Dominique Malaterre

Annie Groovie voit le jour le 11 avril 1970, à 19 h 15, en plein souper de cabane à sucre. Elle grandit heureuse et comblée à Québec. Très tôt, elle développe un goût profond pour la création (et pour les sucreries...). Dès l'âge de huit ans, elle remporte son premier concours de dessin, grâce à son originalité.

Annie est diplômée en arts plastiques et bachelière en communications graphiques. Elle exerce le métier de conceptrice publicitaire depuis plusieurs années à Montréal, où elle habite depuis 1994 (eh oui, elle vieillit...).

Annie est une grande adepte de la gymnastique ainsi qu'une mordue de cirque et d'acrobaties de toutes sortes. En 1997, elle est sélectionnée par le Cirque du monde et part trois mois au Chili pour enseigner les arts du cirque aux enfants de la rue.

En 2003, Annie Groovie se découvre une toute nouvelle passion : la création de livres pour enfants. Aujourd'hui, les albums consacrés à son personnage de Léon « roulent » à merveille. Elle a un projet de dessins animés en production, et vous tenez présentement le septième numéro d'une série de livres tout à fait délirants !

P. 64
1. JUPITER
2. CINCO
3. MAJEUR
4. IL
5. Y
6. OCTOBRE
7. SOL
8. I
9. 17 H 45
10. Partez

P. 65
Le chemin «D»

P. 62
1. 40
2. 156
3. 31
4. 60
5. 75 000
6. 47
7. 250
8. 88
9. 125
10. 1001
11. 29
12. 120
13. 55
14. 1990

DATE DE PARUTION DU PREMIER LÉON : 15 JUIN 2004

P. 49-52
1. C 2. A 3. D 4. D 5. B 6. C 7. D 8. C
9. D 10. B 11. A 12. B 13. B 14. D 15. A

P. 60
L'allumette a disparu !

P. 66
Trou No 3

P. 32-33
1. LE MONDE À L'ENVERS
2. UNE CARTE DU MONDE
3. SEMER LE DOUTE
4. UN CERF-VOLANT
5. UN PÉPÈRE
6. UN HOMME-GRENOUILLETTE

P. 30-31
1. Caoutchouc 2. Barcelone 3. Interurbain

P. 93
4. Le loup (il est le seul animal parmi ce groupe à manger de la viande, c'est-à-dire qu'il est le seul carnivore. Tous les autres sont herbivores).

P. 61
1. H
2. G
3. E
4. A
5. N
6. B
7. J
8. D
9. C
10. F
11. L
12. G

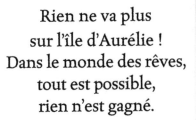

DEUX COLLECTIONS !
②

DÉLIRONS AVEC LÉON !

PARUTION NOVEMBRE 2007

la courte échelle

La tempête

Parce que nous sommes des corneilles,
nous ferons mieux que toute autre créature.

www.courteechelle.com

Les éditions de la courte échelle inc.
5243, boul. Saint-Laurent
Montréal (Québec) H2T 1S4
www.courteechelle.com

Conception, direction artistique et illustrations : Annie Groovie
Coordination : Amélie Couture-Telmosse
Collaboration : Amélie Couture-Telmosse et Philippe Daigle
Révision : André Lambert et Valérie Quintal
Infographie : Nathalie Thomas
Muse : Franck Blaess

Une idée originale d'Annie Groovie

Dépôt légal, 2e trimestre 2007
Bibliothèque nationale du Québec

La courte échelle reconnaît l'aide financière du gouvernement du Canada par l'entremise du
Programme d'aide au développement de l'industrie de l'édition pour ses activités d'édition.
La courte échelle est aussi inscrite au programme de subvention globale du Conseil des Arts
du Canada et reçoit l'appui du gouvernement du Québec par l'intermédiaire de la SODEC.

La courte échelle bénéficie également du Programme de crédit d'impôt pour l'édition
de livres — Gestion SODEC — du gouvernement du Québec.

Catalogage avant publication de Bibliothèque et Archives Canada

Groovie, Annie

       Délirons avec Léon !

       Pour enfants de 8 ans et plus.

       ISBN 978-2-89021-946-5

       I. Titre.

PS8613.R66D44 2007   jC843'.6   C2006-942113-7
PS9613.R66D44 2007

Imprimé en Malaisie